RÉVISION LÉGALE

DE LA

CONSTITUTION.

PAR

M. F.--VAUCORBEIL.

PARIS.

CHEZ LEDOYEN, GALERIE D'ORLÉANS,

PALAIS-NATIONAL,

Et chez tous les Libraires.

1850

IMPRIMERIE H. SIMON DAUTREVILLE ET Ce,
rue Neuve-des-Bons-Enfants, 3.

RÉVISION LÉGALE

DE LA CONSTITUTION.

I.

On a dit avec quelque raison, qu'il n'y avait, en France, que deux partis : celui de l'ordre et celui du désordre.

Réduite à ces simples termes, la question n'en est malheureusement pas moins complexe; car il y aura toujours autant de manières de vouloir le bien, qu'il y a de façons de produire le mal.

On s'entend à peu près sur les moyens de repousser le mal, quand il éclate : beaucoup moins sur les moyens de le prévenir. Le prévenir, ce serait fonder l'ordre, et c'est sur quoi l'on ne s'entend pas.

On pense assez généralement que, pour rétablir la sécurité, il n'y a qu'une chose à faire, c'est de ramener le temps où on l'avait. Comme si l'on pouvait ramener le temps, et ce qu'il emporte ! La vie des États suit les mêmes lois que la vie des hommes ; et, une fois inhumés, les gouvernements morts ne reviennent pas, pas plus les bons que les mauvais.

Si les terroristes d'aujourd'hui réussissaient, ils ne referaient pas 93. Ce qu'ils inventeraient ne vaudrait sans doute pas mieux, mais ce serait de la démence d'un autre genre.

De même pour ceux qui relèvent en rêve le pouvoir qu'on vient de renverser. Ils pourraient arriver à rebâtir quelque chose d'analogue; mais cela ne serait pas meilleur et pas plus durable.

Les éléments de l'ordre seront toujours les mêmes, mais leurs combinaisons peuvent varier, et nous en sommes à chercher celles qui nous conviennent.

Le bonheur public a désormais besoin de s'asseoir sur de nouvelles bases. Tant que nos efforts se borneront à replâtrer de vieilles fondations, on ne préparera que des écroulements.

II.

Toute révolution a un sens plus ou moins significatif, qu'il est nécessaire de bien comprendre et de bien s'expliquer, sous peine de donner lieu à d'autres explosions.

Qu'elle se soit produite par ressentiment ou par lassitude, par dégoût ou par colère, la Révolution de 1848 a un sens démocratique très caractérisé.

Toute interprétation qui paraîtra vouloir s'écarter de celle-là, ne peut qu'amener de nouveaux orages.

En tant que démocratique, elle a réclamé

et elle réclame une conquête, d'où l'on s'est attendu, d'où l'on s'attend encore à voir sortir une forme inaccoutumée de gouvernement.

Cette conquête, c'est le suffrage universel. Il a été décrété, mais nous ne l'avons pas. Ce n'est, jusqu'à présent, qu'une promesse et qu'un mot; l'institution reste à créer.

III.

Le suffrage universel, qu'a-t-on voulu par là ? On a voulu que tous les Français devinssent égaux par le droit d'élection, comme ils l'étaient déjà devant la loi. La proposition peut paraître contestable ; l'intention ne l'est pas.

Cette intention s'est si peu réalisée, qu'il y a des localités où les électeurs nomment douze, quatorze et même vingt-huit députés, tandis qu'à quelques lieues de là, les électeurs n'en nomment que trois ou quatre. Un électeur de Paris a la puissance de neuf électeurs des Basses-Alpes. Pourquoi ce privilége ? Il n'y a, et il ne peut y avoir aucune raison qui le justifie. La loi électorale, qui consacre une pareille inégalité, est donc radicalement contraire à son programme, et le démenti formel du principe dont elle émane.

En même temps que le principe, elle fausse

la Révolution, qui devait lui donner de la vie, à qui elle devait rendre de la force.

On ne saurait trop réfléchir sur les conséquences de ce fait. Toute révolution faussée se venge en se renouvelant.

IV.

La loi électorale actuelle est tout entière dans le bulletin de listes découvert par quelques membres du Gouvernement provisoire.

De ces bulletins de désordre, il ne pouvait surgir qu'une assemblée peu homogène. Malgré les hautes intelligences qui s'y trouvaient, telle fut l'Assemblée constituante. Elle ne nous a pas épargné ses preuves d'inexpérience et d'aveuglement; mais la plus flagrante de toutes, c'est sa Constitution, une Constitution imprudente, qui semble faire appel aux dangers qu'elle veut prévoir.

Au lieu d'énoncer simplement, comme elle aurait dû le comprendre, les véritables règles de la démocratie, et de laisser aux lois organiques le soin de les développer pour en assurer les résultats, qu'a-t-elle imaginé ? Elle a jeté, sans réflexions, à travers ses articles, des lambeaux de ces lois qui n'étaient pas faites, et qu'elle croyait avoir à faire.

C'est ainsi qu'à côté du suffrage universel, elle a inscrit l'adoption de ce fatal bulletin de listes dont elle était sortie, c'est-à-dire un mode de votation qui annule, sous prétexte de l'ordonner, la seule conquête de Février.

De cette faute, il suit que nous sommes une République démocratique, régie par une Constitution qui ne l'est pas, et qui ne peut pas le devenir, vu la singulière précaution qu'elle a prise de se garder contre toute espèce d'améliorations.

Cette faute démontrée, est-il plus sage de la corriger que de mourir de respect pour elle ? Tout est là.

V.

Le suffrage universel n'a eu jusqu'ici qu'une franche expression : c'est au 10 décembre. Ce jour-là, chacun n'a eu qu'une voix, et toute voix a eu la même puissance.

Qu'en résulte-t-il? que le pouvoir exécutif est en harmonie avec le principe de la Révolution de 1848, et que le pouvoir législatif ne l'est pas. De là des tiraillements dont on ne prévoit pas l'issue, des troubles qui agitent le présent, des inquiétudes qui compromettent l'avenir.

Nous devons être une démocratie, et,

grâce à une Constitution qui est en désaccord avec le mouvement révolutionnaire qu'elle s'était chargée de régulariser, nous suivons, avec un président au lieu d'un roi, avec une chambre au lieu de deux, à peu près les mêmes errements que la monarchie. Nous savons cependant où elle est allée.

De quelque nom qu'on la décore, notre République est, avant tout, parlementaire.

Elle fait ce qu'ont fait tous les gouvernements qui l'ont précédée : elle parle.

C'est sans doute un très beau don que celui de la parole; mais, dans les quatre cinquièmes des cas, la parole aveugle plus qu'elle n'éclaire. Quand elle n'entraîne pas, elle étourdit.

De tant de magnifiques discours, qui se sont

prononcés depuis 89, que nous est-il resté ? de vagues souvenirs, des ruines certaines, quelquefois rien du tout.

Ferons-nous le même legs à nos enfants !

VI.

La Constitution, en maintenant l'admission des hauts fonctionnaires de l'Etat dans le corps législatif, n'a pas fait que ratifier une déplorable irrégularité ; elle a mis, autant qu'elle pouvait, opposition au libre exercice du pouvoir exécutif.

Elle a condamné le chef de ce pouvoir à

ne prendre ses premiers auxiliaires que dans la majorité, et à ne choisir dans cette majorité que ceux qui se montrent les plus habiles à ces escarmouches de langues, qui étonnent, charment ou amusent le public, et ne servent en définitive à rien; le trône a manqué sous l'éloquence de Guizot, comme sous les réquisitoires de Peyronnet.

Outre qu'il n'est pas rationnel que le pouvoir exécutif ait sa tête à l'Elysée et ses bras, autrement dit ses ministres, au Palais-Bourbon ; outre qu'il est contraire à la première condition des Etats libres, que les pouvoirs ne soient pas nettement séparés (et rien n'est plus vrai, quoique ce soit écrit dans la Constitution), à quoi peut-il être bon qu'un membre du cabinet fasse partie de l'Assemblée ? à le faire décrier s'il parle mal, à le faire calomnier s'il parle trop bien, à l'empêcher surtout de remplir convenablement ses fonctions de ministre.

Le temps est le même pour tout le monde : et, sauf quelques exceptions si rares qu'on peut toujours les nier, personne n'a le temps d'accomplir deux mandats à la fois. On désobéit forcément ou à l'un, ou à l'autre, le plus souvent à tous les deux.

Ce qu'il peut y avoir de mieux dans une République, c'est un ministère qui agisse et qui ne parle jamais. On ne l'attaque si obstinément que pour qu'il réponde.

Si le ministère était muet, il y aurait les dix-neuf vingtièmes des représentants qui ne diraient rien, et la moitié des journaux qui n'auraient rien à dire.

VII.

La Constitution de 1848 a étendu, a multiplié, autant qu'elle l'a pu, les prérogatives du pouvoir législatif, et cela nécessairement aux dépens du pouvoir exécutif, qu'elle semble, dans sa sagesse, avoir voulu rendre impossible.

En se traitant avec une si grande partialité, nos législateurs me paraissent s'être mépris, comme leurs devanciers, sur la nature du pouvoir législatif.

Ils ont peut-être, sur ce point, suivi l'opinion commune; mais l'opinion commune est, neuf fois sur dix, une erreur.

Je crois qu'on se trompe, quand on suppose que le corps législatif est spécialement destiné à procréer des lois. Sa mission est beaucoup plus de les sanctionner que de les faire, et il y a pour cela une infinité de raisons, moins réfutables les unes que les autres.

La première de toutes, c'est que, sur quelque matière que ce soit, cinq ou six cents personnes ont beau mettre en commun leur esprit, elles ne peuvent pas plus faire une bonne loi qu'elles ne pourraient faire un bon livre. Nos députés seraient autant de Montesquieu, qu'ils ne feraient pas ensemble une *Lettre persane*, à plus forte raison l'*Esprit des lois*.

Que le corps législatif soit appelé à connaître des souffrances et des besoins du pays ! rien de mieux, il les représente. Il est juge de l'efficacité des remèdes que lui soumet le pouvoir exécutif : il les accepte ou il les refuse. Qu'il propose de les modifier ! c'est juste, mais qu'il ne les fabrique pas.

Son initiative restreinte, mais encore assez large, doit être d'attirer les yeux et l'attention du pouvoir exécutif sur des misères qu'il aura vues ou sondées avant lui ; de lui demander, même impérieusement, si l'occasion l'exige, ce qu'il peut faire pour les tarir ou les diminuer. Quant au reste, c'est au pouvoir, qui guérit le mal, à préparer la guérison.

Toute loi est une action, ou un moyen d'action. C'est donc au pouvoir exécutif à commencer ce qu'il doit achever.

Son laboratoire, c'est le conseil d'Etat. C'est donc à lui seul qu'il appartient d'en désigner les membres.

En attribuant au corps législatif le droit de les nommer, la Constitution a consacré l'empiètement formel d'un pouvoir sur l'autre.

Quand les pouvoirs s'envahissent, c'est qu'ils se combattent.

Quand ils se combattent, ils ne marchent pas : ils se détruisent.

VIII.

Il est bien d'autres erreurs capitales, qu'on peut reprocher à cette imprévoyante Constitution, honnie dans l'origine, aujourd'hui tant prônée, et qu'on ne préconise que parce qu'elle entrave l'autorité; mais ces aberrations, un livre ne serait pas de trop pour les relever, et, si on avait le temps de le faire, qui aurait le temps de le lire?

La question, du reste, n'est pas de signaler en combien d'endroits cette Charte est défectueuse, mais de s'assurer qu'elle l'est, et le fait constaté, d'examiner si on peut, dès à présent, l'amender, et l'amender légalement.

La passion le nie; la bonne foi n'en doute pas.

IX.

Je ne pense pas que la chambre actuelle soit l'expression sincère du pays, mais on le dit : et je l'admets.

J'en conclus que si le pays, ou si la chambre qui le représente, reconnaît qu'il y a, dans la Constitution qui nous régit, des vices tellement profonds qu'ils empêchent le jeu du gouvernement, c'est un devoir d'y aviser.

Et pourquoi n'y aviserait-on pas, surtout

si la majorité du pouvoir législatif, qui est évidemment la partie saine émanée d'un suffrage universel faussé, s'unit, pour en décider, avec le pouvoir exécutif qui est la seule expression fidèle de la volonté nationale?

Qu'on nomme cette décision comme on voudra, qu'importe ! si elle part simultanément des deux pouvoirs dont l'État se compose; c'est l'Etat même qui se détermine, et il me semble qu'il est bien le maître de changer de route, ou de se changer lui-même, si cela lui convient.

Je vais plus loin. Je maintiens qu'aujourd'hui, au milieu des périls et des embarras qui nous pressent, si la majorité du pouvoir législatif refuse son concours au pouvoir exécutif, le pouvoir exécutif a le droit de se mettre au-dessus du refus et d'en appeler au pays.

Quand nous aurons prouvé le droit, il ne s'agira plus que de savoir s'il en a les moyens.

Cela le regarde.

X.

On s'abuse étrangement, si l'on croit que, sous un régime démocratique, le pouvoir législatif doit avoir le pas sur le pouvoir exécutif.

Abstraction faite de toute prétention d'étiquette, c'est précisément le contraire.

La supériorité n'est pas ici du côté du nombre, elle est du côté de l'unité.

Quand la souveraineté populaire nomme des députés, elle se fractionne, elle s'éparpille en autant de mandataires qu'elle s'en choisit.

Elle se resserre, elle se condense dans le choix du pouvoir exécutif.

Sans doute, le peuple fait preuve de confiance envers ses représentants, quand il leur délègue le soin de veiller sur ses intérêts, de défendre ses opinions, de plaider pour son bien-être. Mais cette confiance, il en donne une bien autre marque au pouvoir exécutif. Il le revêt de sa force et de sa volonté; il remet volontairement dans ses mains tout ce qui constitue matériellement la puissance. Il est si absolu dans sa foi, qu'il lui donne ce qui peut l'asservir et l'écraser.

Il dit aux uns : pensez à mes affaires ; il dit à l'autre : fais-les.

Et s'il ne peut pas les faire ! si ceux qui doivent s'occuper d'y songer, font de l'action contre lui et lui barrent le passage en mettant le pied dans son chemin ! quel parti prendra-t-il ?

Si, nommé pour agir, on veut le tenir immobile dans un cercle de difficultés et de contradictions, son droit est de rompre et de franchir ses barrières.

Accepter ce blocus et cette immobilité, ce serait enfreindre son mandat, comme ceux qui l'assiégent enfreignent le leur.

Si l'on veut qu'il puisse rendre, un jour, l'autorité qu'il a reçue, il faut d'abord qu'il la garde, et, pour la garder, qu'il s'en serve.

C'est de la dictature ! non, c'est un effort suprême pour vaincre l'anarchie.

Nous n'y sommes pas encore ! nous y serons demain, et c'est déjà la subir que de la craindre.

XI.

Qu'on ne soupçonne pas que ces doctrines fassent partie du code des monarchies absolues ! Elles sont de tous les temps, de tous les lieux, de tous les régimes. C'est la règle des Républiques et des Empires; c'est la loi de tous les gouvernements qui ne fonctionnent pas et qui se sentent la force d'exister.

Les socialistes parviendraient à fonder leur domination, qu'ils ne feraient pas autre chose. Il est même probable qu'ils feraient davantage.

Il n'y a pas deux manières de vivre et de gouverner ; il n'y en a qu'une.

Tout ce qui est irrégulier est impuissant; tout ce qui est impuissant est fragile ; et, pour toute espèce de pouvoir, la science politique se résume en deux mots :

VIGUEUR OU AGONIE.

XII.

S'il est prouvé que le gouvernement actuel a tous ses rouages parfaitement libres, que ses ressorts ne se contrarient pas et jouent comme ils doivent jouer, qu'il a toute la force d'action qu'il a besoin d'avoir, ce que nous venons de dire est inutile.

S'il est avéré, au contraire, qu'il n'est pas maître de ses mouvements ; s'il a conscience que, ne faisant pas ce qu'il voudrait, il ne fait pas ce qu'il devrait, la prudence peut encore être de louvoyer et d'attendre ; mais il faut qu'il soit prêt à tout évènement, et en mesure de se transformer d'un jour à l'autre.

Se transformer, c'est en appeler d'un suffrage universel fictif à un suffrage universel réel.

XIII.

Ce qu'il y aurait de plus désirable, ce serait que la majorité de l'Assemblée reconnût publiquement, à un jour donné, l'impuissance de ce qui existe, et se joignît au pouvoir exécutif :

Pour corriger ce qui ne vaut rien;

Pour régulariser le suffrage universel ;

Pour réduire le nombre des représentants et proclamer la nécessité d'une seconde chambre;

Pour remettre au Président la nomination d'un nouveau conseil d'État, chargé de préparer une nouvelle Constitution et les lois organiques qui la complètent;

Enfin, pour se dissoudre elle-même et faire place à ses successeurs.

Les deux pouvoirs dépositaires de la volonté nationale se rapprochant, se coalisant même pour détourner le pays d'une mauvaise voie et lui en frayer une bonne, il n'y a rien au monde de plus logique et de plus légal.

Si l'un des deux pouvoirs manque de résolution, il faut que l'autre en ait : car le peuple est las de révolutions; car nous ne voulons pas seulement nous reposer du mal, nous en voulons sortir pour entrer dans le bien.

Que ce pouvoir dont notre salut dépend, ait donc la force de nous sauver.

S'il le peut, il le doit.

www.ingramcontent.com/pod-product-compliance
Ingram Content Group UK Ltd.
Pitfield, Milton Keynes, MK11 3LW, UK
UKHW020438220726
13923UKWH00005B/2204

9 782019 255701